DEEPAK CHOPRA & ECKHART TOLLE

Who is asking: Who am I

Wer ist ICH?

Auf der Suche nach dem wahren Selbst

Aus dem Englischen von Thomas Görden

Begleitbuch zur DVD

mit dem Text des Gesprächs

L•E•O

Published by Arrangement with Hay House Inc., Carlsbad, CA
Die Originalausgabe ist erstmals 2016 bei Hay House Inc. erschienen.
Titel der amerikanischen Originalausgabe:
Who is asking »who am I?«

Umschlaggestaltung: Torge Niemann, WRAGE
Satz: Robert Gigler, München
Druck und Bindung: Digicom AG
ISBN 978-3-95736-082-3

Mehr über unsere Bücher
www.leoverlag.de

EIN WORT VORAB

Dieses Buch enthält den vollständigen Text der Vorträge von Eckhart Tolle und Deepak Chopra sowie des anschließenden Dialogs, zu dem sich gegen Ende noch der legendäre Wayne Dyer gesellte, aufgenommen 2013 im Chopra Center in Carlsbad, Kalifornien.

Für die deutsche Untertitelung der DVD war es manchmal notwendig, den gesprochenen Text etwas zu kürzen, da die deutsche Sprache in der Übersetzung länger und wortreicher ist als das Original. Wir haben darauf geachtet, dass durch die leichte Kürzung Aussage und Sinn des Gesprächs nicht beeinträchtigt werden. Für alle, die sich intensiv mit den Aussagen der DVD beschäftigen wollen, haben wir zusätzlich dieses Textbuch erstellt und wichtige Aussagen noch einmal herausgestellt.

INHALT

1. KAPITEL
DIE PRÄSENZ EINLADEN

ECKHART TOLLE

Es ist gut, genau in diesem Moment hier zu sein. Wenn Sie noch nicht völlig hier angekommen sind, lade ich Sie ein, mit Ihrer Aufmerksamkeit in den gegenwärtigen Augenblick einzutreten, statt sich von Ihrem Denken absorbieren zu lassen. Diese einfache Sache stellt einen Wandel in Ihrem Bewusstsein dar.

Gewiss denkt gerade jemand: Ich komme einfach nicht aus meinem Kopf heraus. Wie kann ich da in den gegenwärtigen Augenblick gelangen? Ein einfacher Weg besteht darin, Ihre Aufmerksamkeit auf Ihre Sinneswahrnehmungen zu richten, auf das, was Sie in diesem Moment sehen und hören, und ein bisschen aufmerksamer zu werden. Diese erhöhte Aufmerksamkeit bewirkt, dass Ihre Sinneswahrnehmungen intensiver werden, und plötzlich werden Sie sich Ihrer Umgebung bewusst. Und dann bemerken Sie vielleicht, dass Ihr gewöhnlicher Zustand, oder nicht Ihrer hier, denn Sie sind ja alle erfahrene spirituell Übende, aber der gewöhnliche Zustand anderer Leute so aussieht, dass sie kaum anwesend sind. Sie sind nur gerade so präsent, dass sie nicht gegen Möbel laufen. Alles, was in ihrer Umgebung geschieht, tangiert ihre Aufmerksamkeit nur am Rande, und ein riesiger Anteil dieser Aufmerksamkeit wird ständig von ihrem Denken beansprucht. Vieles davon ist nicht sonderlich relevant, tut aber so, als wäre es extrem wichtig.

Jeder Gedanke besitzt diese verführerische Qualität. Er möchte Ihre ganze Aufmerksamkeit erhalten, es ist wie bei einem Magneten. Und wenn Sie jedem Gedanken folgen, sind Sie allem ausgeliefert, was gerade in Ihrem Bewusstsein auftaucht, und dementsprechend leben Sie. Was für eine schreckliche Existenz! Sie laufen durchs Leben, indem Sie hierhin und dorthin getrieben werden.

Und nach ein paar Jahren sieht man das in Ihrem Gesicht. Ihr Gesicht wird sehr angespannt aussehen. Ihre Augen werden nicht mehr leuchten, denn Ihr gesamtes Bewusstsein wird vom Denken beherrscht. Und das ist ein furchtbarer Zustand. So ist es schon seit langer, langer

Zeit, seit vielen tausend Jahren. Es betrifft Ihr ganzes Gefühl dafür, wer Sie sind. Und das zu wissen ist das Wichtigste überhaupt. Deswegen lautete die uralte Inschrift am Orakel von Delphi: »Erkenne dich selbst«. Eine sehr wichtige Meditation, die zum Beispiel von Ramana Maharshi und anderen Lehrern empfohlen wird, ist die Frage: »Wer bin ich?«

Was für ein Selbstgefühl haben Sie, wenn Sie sich völlig mit jedem Gedanken identifizieren, der Ihnen in den Kopf kommt? – Wobei ja viele davon negativer Natur sind, weil negative Gedanken verführerischer als positive sind. Vielleicht denken Sie an einen unangenehmen Menschen, über den Sie sich gestern geärgert haben, weil er etwas zu Ihnen sagte, oder nicht sagte, oder etwas nicht tat, was er Ihrer Meinung nach hätte tun sollen. Über so etwas kann man lange Zeit nachdenken, über einen schönen Sonnenuntergang dagegen weniger lang ...

All die Dinge, die das Leben lebenswert machen, erfordern weniger Nachdenken, bringen aber Freude in Ihr Leben, Momente der Freude. In diesem Moment ist es Ihnen vielleicht nicht klar, dass sich in Ihnen ein Raum öffnet, wenn Sie nicht denken, aber auch nicht einschlafen. Es ist einfach ein Raum der Achtsamkeit. Sie erhaschen einen

»All die Dinge,
die das Leben
lebenswert machen,
erfordern weniger
Nachdenken,
bringen aber Freude
in Ihr Leben,
Momente
der Freude.«

Blick auf das, was im Zen »Satori« genannt wird: einen Blitz der Erleuchtung, einen Moment der Erkenntnis.

Um Schönheit wahrzunehmen, für einen Moment – dafür muss der denkende Verstand ruhig werden. Ein klein wenig Raum tut sich auf, und Sie gehen hinein und können wirklich hinschauen. Vielleicht ist es Ihnen gar nicht bewusst, aber für ein paar Sekunden denken Sie nicht. Wenn Sie denken, sehen Sie nicht wirklich. Sie können sagen: »Oh, das ist eine hübsche Blume. Die hätte ich gerne in meinem Garten.« Aber Sie sehen die Blume nicht wirklich. Um sie wirklich zu sehen, braucht es einen Moment wacher Präsenz, in dem das Denken aufhört. So offenbart sich Ihnen Schönheit, so entsteht Freude und jedes Gefühl der Empathie mit anderen Menschen. Empathie oder Mitgefühl erreichen Sie nicht über den urteilenden, wertenden Verstand. Es muss sich in Ihnen ein Raum öffnen, und dann können Sie einen anderen Menschen anschauen, ohne in Ihrem Kopf ein gedankliches Konzept zu entwickeln. Sie schauen die Menschen an und spüren in ihnen etwas, das tiefer geht als ihre psychologische Hülle. Da ist eine Präsenz, die Sie nur wahrnehmen können, wenn Sie selbst präsent sind.

Es gibt also in Ihnen eine Dimension, ohne die Sie nicht

wirklich lebendig sind oder, wie Konfuzius sagen würde: noch kein wirklicher Mensch sind. Wenn diese Dimension noch nicht in Ihnen in Erscheinung getreten ist, sich Ihnen noch nicht offenbart hat, dann sind Sie noch nicht wirklich Sie selbst. Natürlich sind Sie auf dem Weg, alle sind auf dem Weg dahin, ihre volle Menschlichkeit zu entfalten, aber dann sind Sie noch nicht dort angekommen.

Manche Menschen sind so tief in ihrem Denken gefangen, dass sie in einem reinen Gedankenuniversum leben, in dem sie jeden Menschen, der ihnen begegnet, sofort beurteilen. Sie urteilen über ganze Menschengruppen und entmenschlichen sie auf diese Weise. So kann es zu Gewalt kommen, zum völligen Verlust der Empathie. Denn sie wissen nicht länger, was sie tun, was sie anderen Menschen antun.

Wenn wir uns manche jüngsten Ereignisse anschauen, stellt sich die Frage, wie es möglich ist, dass Menschen solche Grausamkeiten begehen. Nun, diese Menschen sind von bestimmten Gedanken besessen. Diese Gedanken beherrschen ihr Bewusstsein. Man nennt sie religiöse Gedanken. Doch damit hat es nichts zu tun. Es handelt sich nicht um wahre Religion, sondern um eine Ideologie. Es ist sozusagen eine Virusinfektion des Bewusstseins.

Gedanken können sich verhalten wie Viren. Wenn Sie nicht achtgeben, kann eine Gruppe von Gedanken völlig die Kontrolle übernehmen. Sie sehen dann alles nur noch durch die Brille dieser geistigen Virusinfektion, um diese Analogie zu verwenden. Tatsächlich leiden Millionen daran, vielleicht nicht so extrem wie die Terroristen, aber sie erleben dennoch Symptome dieses geistigen Zustands – wenn auch leichtere Symptome der gleichen Erkrankung.

Also heißt sich selbst zu kennen für die meisten Menschen, sich mit bestimmten Bildern in ihrem Bewusstsein zu identifizieren. Zuerst ist da das Bild: Ich bin dieser physische Körper. Und woraus beziehen die Menschen ihr Identitätsgefühl, ihr Gefühl, wer sie sind? Für gewöhnlich aus ihrem körperlichen Aussehen und dann aus der inneren Welt ihrer Gedanken, die von Emotionen begleitet werden, wobei viele Emotionen, viele sehr starke Emotionen, durch dysfunktionales Denken ausgelöst werden. Wir alle wissen das, und in der Vergangenheit, ehe Sie spirituell geweckt wurden, haben Sie es auch erlebt.

Es gibt also in Ihnen eine riesige Dimension, die nicht die, nennen wir es, transzendente Dimension dessen ist, was Sie sind. Das ist die Person oder Persönlichkeit, mit der Sie sich normalerweise identifizieren, aus der Sie Ihr Selbstgefühl beziehen, das im Wesentlichen aus Selbstgesprächen besteht. Das gewohnheitsmäßige Selbstgespräch im Kopf erklärt Ihnen, wer Sie sind, und es nimmt mit an Bord, was andere Ihnen darüber sagen, wer Sie sind. Es beginnt damit, was Ihre Mutter Ihnen darüber gesagt hat, wer Sie sind, was Ihr Vater, Ihre Geschwister, Ihre Umwelt, Ihre Berater Ihnen darüber gesagt haben, wer Sie sind. Und das alles wird vom Bewusstsein absorbiert und wird zu Ihrer Geschichte, und das wird dann zum Fundament Ihres Identitätsgefühls. Daraus beziehen Sie Ihre Selbstwahrnehmung.

Es handelt sich also, da Gedanken Vorstellungen sind, um eine auf Vorstellungen, auf Ideen beruhende Selbstwahrnehmung. Und damit sich das ein bisschen besser anfühlt, werden Ihrem Denken weitere Vorstellungen hinzugefügt, zum Beispiel über Besitz. Sie denken dann: Vielleicht gelingt es mir, immer mehr zu besitzen. Vielleicht werde ich glücklich sein, wenn ich den richtigen Menschen finde, der mich glücklich macht. Dann wird mein Leben schön sein. Aber in Wirklichkeit sind das alles Vorstellungen, sogar das große Haus oder das große Auto werden in gedankliche Vorstellungen in Ihrem

Bewusstsein übersetzt, und dann identifizieren Sie sich damit, und es wird Teil Ihres Selbstgefühls. Aber es bleibt immer ein Unbehagen. Es ist nie genug, und die Befriedigung hält nie lange an. Und ständig scheinen Dinge schiefzugehen.

Schon der Buddha erkannte das. Er sagte: »Wo immer ihr hingeht, was immer ihr tut, ihr werdet Dukkha begegnen«, was traditionell als Leiden übersetzt wird. Es lässt sich aber auch als Trübsal, Unglücklichsein oder Unzufriedenheit übersetzen. Auf dieser Ebene sind Sie nie lange zufrieden. Sie wissen nicht, wer Sie sind, und versuchen, das in Ihrem Denken erzeugte Selbstbild aufzubessern.

Man könnte also sagen, dass Sie sich in diesem Zustand nur zur Hälfte kennen, und bei dieser Hälfte handelt es sich um das, was Sie auf der physischen und psychologischen Ebene sind. Und so leben die meisten Menschen ihr Leben und wissen gar nicht, was ihnen fehlt.

Nun haben spirituelle Menschen die Vorstellung, es gäbe so etwas wie einen Zustand der Erleuchtung, den man zu einem bestimmten Zeitpunkt erreicht. Viele Buddhisten glauben, dass sie vielleicht noch ein paar Inkarnationen dafür benötigen, diesen Zustand aber schließlich erreichen werden.

Er wird also zu einer Idee im Kopf gemacht, die man erreichen muss, statt zu erkennen, dass diese Dimension, die wir die spirituelle Dimension nennen können, die transzendente Dimension, oder das, was Sie in Wirklichkeit sind und was immer da ist, dass also diese Dimension hier und jetzt bereits gegenwärtig ist. Und warum wissen so viele Menschen das nicht? Weil sie es ständig völlig übersehen, weil die Bewegung der Gedanken plus die damit einhergehenden Emotionen eine große verführerische Anziehungskraft besitzen, die uns hypnotisiert, sodass wir uns ständig mit den physischen Formen und den Gedankenformen identifizieren. Und jeder Gedanke ist eine Gedankenform. Und jede Emotion, die in uns aufsteigt, ist kein materielles Gebilde, sondern ein Gebilde aus Energie. Jeder Gedanke ist ein Energiegebilde. Jede Emotion ist ein Energiegebilde. Sie können es nicht sehen, aber Sie können es fühlen, und es wirkt sich auf den Körper aus.

Diese Dinge beanspruchen also ständig Ihre Aufmerksamkeit, und dabei übersehen Sie etwas sehr Entscheidendes, etwas Tieferes, ohne das Sie gar nicht denken könnten, ohne das es kein Denken und keine Sinneswahrnehmung gäbe. Das, was Sie da übersehen, ist die

Präsenz, die formlose Präsenz des Bewusstseins selbst, das immer vorhanden ist. Sobald Sie für drei Sekunden mit dem Denken aufhören, ist es da.

Wenn Sie aber danach suchen, als wäre es etwas, bei dem Sie sagen können: »Da ist es«, werden Sie es nie finden. Genauso ist es mit der Erleuchtung. Wenn Sie danach suchen, als wäre sie etwas, das in Ihnen entsteht, sodass Sie sagen können: »Ah, da ist sie und jetzt habe ich sie«, werden Sie sie nie finden, denn so können Sie sie nicht erfassen und verstehen.

Doch lassen Sie uns zu dem kommen, was jetzt im Augenblick wirklich wichtig ist. Können Sie spüren, unabhängig von allen Gedanken, die Ihnen durch den Kopf gehen – ich hoffe, es sind nicht viele, vielleicht keiner –, dass es in Ihnen auch die Dimension einfacher, formloser Präsenz gibt? Um dorthin zu gelangen, könnte ich Sie fragen, wie es sich für Sie wirklich anfühlt, jetzt in diesem Moment Sie zu sein? Wie fühlt es sich an, was ist es für eine Erfahrung, Sie zu sein?

Wenn ich »Sie« sage, meine ich nicht Ihre persönliche Geschichte, daran brauchen Sie sich für diese Übung nicht zu erinnern. Fühlen Sie, dass da etwas Tieferes ist, das Sie nie verlassen hat, das immer da war und immer da sein

»Wenn Sie nach der
Erleuchtung suchen,
als wäre sie etwas,
das in Ihnen entsteht,
sodass Sie
sagen können:
›Ah, da ist sie und
jetzt habe ich sie‹,
werden Sie sie nie
finden, denn so
können Sie sie
nicht erfassen und
verstehen.«

wird? Wie fühlt sich das an? Können Sie die Präsenz spüren, die Sie sind und die nichts mit Ihrer persönlichen Geschichte zu tun hat? Es gibt da einfach das Licht der Präsenz.

Und Meditation soll Sie natürlich dorthin bringen. Sie können sich jedoch in jedem Augenblick dieser Präsenz bewusst sein. Wie das geht? Nun, nicht, indem Sie sie zum Gegenstand Ihrer Aufmerksamkeit machen. Das funktioniert nicht, weil diese Bewusstheit oder dieses Bewusstsein, das die Essenz dessen ist, was Sie sind, für Sie nicht erfahrbar ist, wenn Sie nach einem tollen Erlebnis suchen. Es ist die Achtsamkeit hinter dem Suchen.

Wenn Sie also suchen, wenn Sie nach sich selbst suchen, wenn Sie danach suchen, in einem Augenblick in der Zukunft die erleuchtete Version Ihres Selbst zu entdecken, entgeht Ihnen, dass es sich um jenes Bewusstsein handelt, das selbst zum Suchen wird. Wenn Sie es ein wenig früher erwischen können, dann, wenn es einfach reines Bewusstsein ist, können Sie es erleben.

Wenn Sie sich selbst als Bewusstsein erfahren können, als die Präsenz, dann erkennen Sie die verborgene Dimension des Lebens oder die transzendente Dimension. Ich nenne sie manchmal die andere Hälfte. Natürlich kann man das Leben nicht wirklich in zwei Hälften teilen, aber so lässt sich für einen Moment besser verstehen, dass Ihr Leben aus der physischen Gestalt, der geistigen Form, aber eben auch aus der inneren Präsenz besteht.

In gleicher Weise könnte ich diesen Raum hier als Analogie verwenden. Wenn Sie herausfinden möchten, was die Essenz dieses Raumes hier ist, und die Menschen anschauen, die sich darin befinden, stellen Sie sich als Analogie vor, dass die Menschen die Gedanken in Ihrem Bewusstsein sind, und dann schauen Sie sich die Möbel, die Wände und die Decke und alles an und versuchen, die Essenz dieses Raumes zu erfassen. Vielleicht ist die Essenz im Teppich verborgen, vielleicht finden Sie sie mit einem Mikroskop? Vielleicht nehmen Sie aber auch ein Fernglas und entdecken sie dort drüben an der Wand? Entgeht Ihnen nicht dabei die eine Sache, die den gesamten Raum durchdringt, nämlich seine Raum-Natur? Wenn Sie Ihre Aufmerksamkeit auf den Raum richten, den dieser Raum einnimmt, auf seine Natur als Raum, wird seine Essenz für Sie erfahrbar. Ohne seine Räumlichkeit bedeutet der Raum nichts. Er könnte gar nicht existieren.

Ich benutze diese Analogie, um zu verdeutlichen, dass es auch in Ihnen eine Raum-Natur gibt, deren Vorhandensein Ihnen ständig entgeht, weil Sie sich so sehr für die Möbel in Ihrem Kopf interessieren. Bei vielen Menschen ist das Bewusstsein so mit Möbeln vollgestopft, dass sie sich kaum noch darin bewegen können. Und ständig kommen weitere Gedanken hinzu. Es ist kein Raum mehr vorhanden.

Der Verlust dieses inneren Raumes ist der schrecklichste Verlust im Leben, weil dann Freude, wahre Freude, nicht mehr erlebt werden kann. Liebe, die ein Gefühl wechselseitiger natürlicher Verbundenheit ist, benötigt diesen inneren Raum, wenigstens ein bisschen davon. Manchmal öffnet sich bei Menschen der innere Raum für drei Sekunden, wenn sie einen Hund sehen. Deswegen habe ich dieses Buch über Hunde und Katzen veröffentlicht. Man sieht einen Hund, schaut ihm in die Augen, und das fühlt sich gut an. Die Menschen lieben Hunde, ausgenommen die Menschen, die keine Hunde mögen, aber die meisten Menschen lieben offenbar Hunde und fühlen sich zu ihnen hingezogen, weil sie wissen, dass ein Hund nicht wertet und urteilt. Er hasst nicht, er schaut Sie nur an und wedelt mit dem Schwanz. Und das kann, für einen Moment, für ein paar Sekunden, Ihren Geist befreien, und deshalb fühlt es sich so gut an, den Hund anzuschauen und zu sagen: »Oh, was für ein süßer Hund!« Für einen Moment gibt es nichts als Verbundenheit.

Mit Menschen ist das viel schwieriger, weil es sofort, wenn Sie einem anderen Menschen begegnen, Werturteile gibt. Sie spüren das, außer bei den Menschen, die nicht länger von ihrem Denken beherrscht werden, sodass sie Ihnen mit der Offenheit völliger Präsenz begegnen. Sie schauen Sie einfach nur an, und Sie wissen, dass sie Sie nicht bewerten oder verurteilen. Das bedeutet aber nicht, dass diese Menschen, die nicht über Sie urteilen, deshalb auf die Bewusstseinsstufe eines Hundes zurückgefallen wären. Der Hund befindet sich in diesem schönen Zustand direkter Verbindung zum Sein, weil er noch nicht völlig vom Denken verführt wurde.

Doch wir können nicht dorthin zurück, wir müssen vorwärtsgehen. Wir müssen uns über das Denken erheben, nicht in einen Zustand unterhalb des Denkens zurückfallen. Die Entfaltung der Präsenz ist ein evolutionärer Sprung, für den die Menschheit bereit ist. Wir beginnen jetzt mit diesem evolutionären Wandel, bei dem die Menschen ein neues Stadium ihrer Evolution erreichen, eine vollständige innere Transformation. Wir denken noch immer in unserem Gehirn, aber dieses Denken wird transzendiert, was bedeutet, dass wir den früheren Zustand nicht völlig hinter uns lassen. Er wird transzendiert, sodass Sie nicht länger ein Gedanken-basiertes Wesen sind. Sie sind ein Präsenz-basiertes Wesen. Sie werden nicht länger von Ihren Gedanken beherrscht, und erst dann sind Sie in der Lage, Ihr Denken auf wirklich machtvolle und konstruktive Art zu gebrauchen. Das denkende Bewusstsein kann ein großartiges Werkzeug sein, wenn es positiv eingesetzt wird, also um zu erschaffen. Dann ist es ein wunderbares Instrument.

Wenn Sie also Ihr Identitätsgefühl auf Ihre innere Präsenz gründen, werden Sie häufiger Momente des Nicht-Denkens erleben und sich dabei immer wohler fühlen. Sie können zum Beispiel von einem Gebäude zu einem anderen gehen oder vom Haus zu Ihrem Auto und dabei in diesem Zustand wacher Präsenz sein. Es ist wunderschön. Sie sehen dann überall Schönheit. Sie haben nicht mehr das Bedürfnis, alles zu bewerten und zu benennen. Es gibt ein tieferes Wissen, das nicht mehr auf gedanklichen Vorstellungen beruht.

Und daher ist eine der großen spirituellen Übungen sehr einfach: Sie besteht darin, dass Sie das, was Sie wahrnehmen, nicht bewerten und benennen. Diese Übung können Sie überall praktizieren, wo immer Sie gerade sind. Ich empfehle immer, auf diese Weise zu üben, wenn Sie irgendwo warten müssen. Es wird Sie erstaunen, wie viel Zeit Sie damit verbringen, auf etwas zu warten: vor Ampeln, in der Schlange an der Supermarktkasse, am Flughafen – warten, warten, warten. Viele Menschen warten ihr ganzes Leben, sie warten, statt wirklich zu leben. Und dann werden sie siebzig und denken: »War's das jetzt? Ich warte ja immer noch. Ich habe noch gar nicht richtig angefangen zu leben.« Schrecklich.

Nutzen Sie das Warten besser, um sich für den inneren Zustand der Achtsamkeit zu öffnen. Dann sagen Sie sich, dass das Warten ja gar nicht so schlecht ist, weil Sie ja immer irgendwo stehen, sitzen oder liegen. Spielt es denn eine Rolle, wo Sie stehen, sitzen oder liegen? Der denkende Verstand meint, Ja. Es sagt: »Ich sollte jetzt nicht in dieser Kassenschlange warten müssen. Warum ist diese Kassiererin so langsam? Warum redet sie so viel mit den Kunden? Sie sollte nicht reden, sondern ihren Job machen.« Doch nun können Sie diese Gedanken in sich erkennen und sagen sich plötzlich: »Ich entscheide mich anders.« In evolutionärer Hinsicht ist es ein enormer

Schritt nach vorn, wenn Sie anfangen zu beobachten, was Ihr Bewusstsein tut, was Ihre Gedanken tun. Sie finden heraus, wie Ihr Denken funktioniert.

Wenn Sie sich also bewusst werden, was Ihr Bewusstsein gerade tut, ist das ein enormer Schritt, eine großartige Veränderung. Jetzt können Sie Wartezeiten nutzen, statt sich über sie zu beklagen. Dann sind Sie einfach präsent, fühlen die Gegenwart, die Achtsamkeit.

In diesem Moment werden Sie ein spiritueller Meister, denn der Unterschied zwischen einem Menschen, der noch nicht erwacht ist, und einem spirituellen Meister besteht allein darin, dass der spirituelle Meister im Zustand der Präsenz sein kann, was vollständige Harmonie mit dem gegenwärtigen Augenblick bedeutet, ohne sich über irgendetwas zu beklagen. Das ist der Zen-Meister. Er sagt: Was ist, das ist. Worüber beklagst du dich also? Und deshalb gab es einen Zen-Meister, der niemals Fragen beantwortete. Wenn die Leute ihn fragten, was Zen bedeutet, hob er den Finger und schaute sie an. »Können Sie mir bitte erklären, was Zen ist? Haben Sie gehört, was ich gesagt habe? Haben Sie meine Frage gehört?« Keine Antwort. Er lehrte einfach Präsenz, achtsame Präsenz. Das ist Zen, nichts anderes. Doch die Leute verbringen Jahre in

»Wenn Sie sich also bewusst werden, was Ihr Bewusstsein gerade tut, ist das ein enormer Schritt, eine großartige Veränderung. Jetzt können Sie Wartezeiten nutzen, statt sich über sie zu beklagen. Dann sind Sie einfach präsent, fühlen die Gegenwart, die Achtsamkeit.«

Zenklöstern und begreifen es trotzdem nicht. Weil sie denken, dass da etwas ist, das sie verstehen müssen. Im *Kurs in Wundern* heißt es: »Es ist für die Wahrheit unwesentlich, ob du sie verstehst.«

Das Wunder geschieht, wenn Sie das Bedürfnis aufgeben, sich selbst, Ihr Leben zu verstehen. Denn was ist Ihr Leben? Es ist ein geistiges Konstrukt. Sie versuchen also, das geistige Konstrukt zu verstehen, das Sie Ihr Leben nennen, und es ist sehr komplex. Sie wollen herausfinden, was es mit alldem auf sich hat. Wohin gehe ich? Was tue ich? Warum geben Sie das Bedürfnis, zu verstehen, nicht einfach auf und laden die Präsenz ein? Aus der Perspektive des Verstandes sieht es dann für einen Moment so aus, als wüssten Sie gar nichts mehr. Und das stimmt ja auch, was gedankliche Konzepte angeht.

Freiwillig und bewusst treten Sie in den Zustand des Nichtwissens ein, dann erleben Sie, wie aus diesem Zustand des Nichtwissens ein tieferes Wissen aufsteigt, ein tieferes Gefühl der Verbundenheit mit dem Leben, ein tieferes Gefühl der Verbundenheit mit anderen Menschen und mit allen Lebensformen, und das ist das Erwachen des veränderten Bewusstseins.

Jetzt übergebe ich an Deepak.

2. KAPITEL
REISE
OHNE ENTFERNUNG

DEEPAK CHOPRA

Lenken Sie jetzt in diesem Moment, während Sie mir zuhören, Ihre Aufmerksamkeit darauf, wer zuhört. Lenken Sie, während Sie mich ansehen, Ihre Aufmerksamkeit darauf, wer mich ansieht. Es sind Sie, okay? Dieses »Sie« hat immer existiert. Es war da, als Sie ein kleines Kind waren. Es war da, ein anderer Körper, ein anderes Bewusstsein, als Sie ein Teenager waren. Ein anderer Körper, ein anderes Bewusstsein ist jetzt da. Und wenn Sie diesen Fokus beibehalten, werden Sie erkennen, ohne dass es Ihnen jemand erklären muss, dass es sich um dieses zeitlose Sein handelt, in dem die Zeit geboren wird.

Zeit ist einfach die Bewegung des Denkens. Zeit ist die Bewegung des Denkens, die eine Spaltung zwischen Subjekt und Objekt erzeugt. Ich, Deepak, Eckhart, Sie alle, das ist ein Gedanke und die Bewegung des Denkens, die Zeit erzeugt. Aber das, was Sie wirklich sind, ist der zeitlose Beobachter inmitten der zeitgebundenen Beobachtung.

Wie Eckhart sagte, können Sie Ihr ganzes Leben damit zubringen, religiöse Texte zu studieren, Sie können Ihr ganzes Leben mit spirituellen Übungen verbringen, und das hilft durchaus. Wissen Sie, eine Frucht braucht Zeit, um reif zu werden, aber wenn sie dann vom Baum fällt, kann das sehr plötzlich geschehen.

Transzendenz bedeutet, dass Sie die künstliche Trennung von Subjekt und Objekt überwinden. Sie ist nicht real. Natur und Universum sind ein einziger Prozess. Daher ist die Subjekt-Objekt-Trennung eine künstliche Trennung. Und sie ist die Ursache jedes einzelnen Problems, das wir kennen.

Ich komme aus der Vedanta-Tradition, auf die du Bezug genommen hast, Eckhart, als du Sri Ramana Maharshi erwähntest. Er kam viele Jahre später und entwickelte in seiner eigenen Sprache die Lehre des Vedanta weiter. Im Vedanta gibt es die sogenannten fünf Kleshas. Klesha ist ein Sanskritwort und bedeutet: die Ursache des Leidens.

Die fünf Kleshas sind:

1. nicht wissen, wer man ist,
2. die Sucht und das Streben nach Beständigkeit in einer Welt, die ihrem Wesen nach unbeständig ist,
3. die Angst vor der Unbeständigkeit,
4. sich mit seinem Selbstbild zu identifizieren statt mit sich selbst. All die Benennungen, Definitionen, Einschätzungen, Urteile, Ideen und Vorstellungen, die Ihnen als Konditionierungen von Eltern, Geschwistern, Ihrer Kultur, Ihrer Religion, der Geschichte, den ökonomischen Verhältnissen aufgeprägt werden, all diese Dinge, die Sie von außen aufnehmen, mit denen Sie sich identifizieren und die dann das Selbstbild werden, das konditionierte Bewusstsein,
5. die Angst vor dem Tod, die Angst vor dem Unbekannten. Diese Angst ist die Grundlage aller Religionen. Zumindest machen sich die institutionalisierten Religionen die Angst vor dem Tod zunutze. Und in gewisser Weise verbirgt sich hinter allen Ängsten letztlich die Angst vor dem Tod, denn was ist die Angst vor dem Tod? Es ist Angst vor dem Unbekannten, aber auch die Angst, die daraus entsteht, dass ich an etwas festzuhalten versuche, was im nächsten Moment nicht mehr da sein wird. Denn in der realen Welt gibt es keine Ob-

jekte. Sie existieren in Wirklichkeit nicht. Sie sind Wahrnehmungsartefakte. Es gibt nur Vorgänge, Prozesse.

Einfach ausgedrückt, gibt es nur Verben, keine Substantive. Das Universum ist ein Verb. Es ist eine Aktivität. Und diese Aktivität, die das Universum ist, endet nie. Und selbst während Sie mich oder sich selbst anschauen, verändert sich Ihr Körper ständig. Tatsächlich, sogar aus wissenschaftlicher Sicht, ist der Körper, den Sie jetzt in diesem Moment besitzen, nicht der Körper, mit dem Sie vor einer kleinen Weile in diesen Raum hier gekommen sind, denn Sie atmen, Sie denken, Sie nehmen aus der Welt Informationen auf. Sie haben Beziehungen, Sie essen, Sie haben Ausscheidungen. All diese Prozesse sind ständig im Fluss und machen Ihren Körper aus. Es ist also wirklich so, wie ich eben sagte: Der Körper, mit dem Sie hier hereinspaziert sind, ist nicht der Körper, den Sie jetzt im Moment besitzen. Und in weniger als einem Jahr ist jedes Atom Ihres Körpers ausgetauscht worden, recycelt worden. Sie haben nicht mehr denselben Körper, den Sie als Kind, als Baby, als Teenager hatten.

Wenn Sie also glauben, Sie wären Ihr Körper, stecken Sie in einem Dilemma. Denn von welchem Körper sprechen Sie? Und wenn Sie glauben, Sie wären Ihr Bewusstsein, gibt es ebenfalls ein Dilemma, weil das Bewusstsein sich ständig verändert. Und so bringt uns die Idee, dass Dinge existieren, völlig durcheinander! Denn Dinge existieren nicht, nur Prozesse existieren. Substantive sind eine Dimension der Sprache. Es handelt sich bei ihnen nicht um real existierende Fakten. Sie sind eine sprachliche Konvention. Es gibt kein Substantiv. Selbst dieses Mikrofon ist kein Substantiv. Es ist ein bisschen dauerhafter als Körper und Bewusstsein, aber es gibt keine Substantive. Alles Leiden kommt von den Substantiven, von Dingen, die nicht existieren.

Da sind also die fünf Kleshas – nicht wissen, wer Sie wirklich sind, vergeblich versuchen, das Fließen aufzuhalten, das sich aber nicht aufhalten lässt, sich mit Ideen identifizieren und den Tod fürchten. Und die große Lehre des Vedanta besagt, dass diese fünf Ursachen des Leidens in der ersten Ursache enthalten sind. Und dieses erste Klesha besteht darin, nicht zu wissen, wer Sie sind. Sie verwechseln sich mit einer gesellschaftlich erzeugten Halluzination, die in Wirklichkeit gar nicht existiert.

Der Schlüssel ist also die Frage: Wer bin ich? Sri Ramana Maharshi schwieg zwanzig Jahre lang. Und wenn die

»Da sind also die
fünf Kleshas –
nicht wissen, wer Sie wirklich
sind, vergeblich versuchen,
das Fließen aufzuhalten,
das sich aber nicht
aufhalten lässt, sich mit
Ideen identifizieren und
den Tod fürchten.«

Menschen ihm eine Frage stellten, erwiderte er, egal wie die Frage lautete: »Wer stellt diese Frage?« Und manchmal sagte er nicht nur, wer stellt die Frage, sondern: »Wer ist dieses Wer, das die Frage stellt?« Und wenn Sie fragen: »Wer bin ich?«, können Sie sich auch fragen: »Wer ist eigentlich dieser Wer, der das fragt?«

Und wenn Sie sich tiefer mit dieser Frage beschäftigen, gelangen Sie zu dem, was Eckhart vorhin ansprach – dass nämlich derjenige, der die Frage stellt, ein transzendentes Wesen ist, das weder Subjekt noch Objekt der Erfahrung ist. Sehr häufig sagen wir: »Ich bin der Beobachter.« Aber selbst das ist nicht zutreffend. Der Beobachter und das Beobachtete, ich und der oder das andere treten miteinander als Bewegung der Gedanken in Erscheinung. Die wahre Perspektive ist weder die des Beobachters noch des Beobachteten, sondern das Boot, in dem der Beobachter, das Subjekt und das Objekt der Erfahrung gleichzeitig eintreffen und gleichzeitig verschwinden. Und das tun sie in jedem Augenblick. Das ist das Fließen. Das Fließen erschafft ständig ein Subjekt und ein Objekt.

Doch das wahre Sein ist weder Subjekt noch Objekt. Es ist das, aus dem Subjekt und Objekt aufsteigen und in dem sie wieder verschwinden wie Wellen im Meer. Bevor die

Welle aufsteigt, ist da Wasser. Als Welle ist es ebenfalls Wasser, und wenn die Welle verschwindet, haben wir immer noch Wasser. Die wässrige Natur bleibt immer bestehen. Und das ist das Sein, das sind Sie: Und in diesem Sein steigen Gedanken auf und verschwinden wieder wie Wellen.

Diese Gedanken können viele unterschiedliche Eigenschaften haben. In der Bewusstseinsliteratur werden sie als Qualia bezeichnet. Andererseits gibt es Quanten. Was ist das? Die Quantenphysik erforscht die Quantitäten von Masse- und Energieeinheiten. Die kleinste unteilbare Einheit von Information und Energie ist ein Quant. Es handelt sich also um Maßeinheiten.

Qualia sind dagegen Einheiten des Denkens oder Bewusstseinsqualitäten. Und es gibt davon für gewöhnlich nur vier. Jedes Mal, wenn Sie eine Erfahrung machen, erleben Sie entweder eine körperliche Sinnesempfindung, ein Bild, ein Gefühl oder einen Gedanken.

Ein guter Freund von uns, Dan Siegel, Neuropsychiater an der Universität von Kalifornien, verwendet dafür ein Akronym, SIFT (engl.: Sensation, Image, Feeling, Thought). Jedes Sinneserlebnis, jedes kognitive Erlebnis, oder überhaupt alle Erfahrungen sind einfach Bewusstsein und dessen Eigenschaften. Jetzt im Moment erlebe ich Sie als Bild und Empfindung in meinem Körper, in meinem Bewusstsein. So erlebe ich meinen eigenen Körper. Und so erlebe ich Sie. Sinnesreize, Bilder, Gefühle und Gedanken sind Ereignisse im Bewusstsein. Und auch wenn Ihr Körper sich von meinem unterscheidet, sind doch das, was ich als Sie erlebe, und das, was ich als meinen Körper erlebe, einfach nur Sinnesreize, Bilder, Gefühle und Gedanken.

Und das gesamte Universum ist nichts anderes. Bewusstsein, das sich selbst als das Subjekt und als das Objekt erlebt, doch beide, Subjekt, individuelles Subjekt, und individuelles Objekt, sind nichts weiter als Bewegungen des Bewusstseins innerhalb des Bewusstseins. Deshalb sagen die Rishis: »Ich bin nicht in der Welt, die Welt ist in mir.« In der Bhagavad Gita sagt Krishna, als er mit Arjuna spricht: »Prakritim svaam avastabhya visrijaami punah punah. Indem ich mich in mich selbst hineinwölbe, erschaffe ich wieder und wieder.« Das ist die Mechanik, wie wir unsere Körpererfahrung, unsere Bewusstseinserfahrung und unsere Welterfahrung erschaffen.

Kommen wir nun wieder auf Eckharts Bemerkung zurück, dass wir die Präsenz nicht finden können, indem wir nach ihr suchen, weil sie selbst dasjenige ist, das sucht. Sie können das Bewusstsein nicht finden, indem Sie nach ihm suchen, weil es das Bewusstsein ist, das sucht.

Wissen Sie, in meinem Berufsfeld, also den Neurowissenschaften, der Biologie und Endokrinologie, widmet man heute dem Bewusstsein als Gehirnphänomen große Aufmerksamkeit, weil wir so ausgebildet wurden. Wir denken, das Bewusstsein sei ein Objekt der Wahrnehmung, aber wo ist die Gehirnerfahrung? Wenn Sie an das Gehirn denken, wo erleben Sie in Ihrem Bewusstsein Ihr Gehirn? Wenn Sie das Gehirn als Objekt der Wahrnehmung betrachten, existiert es auch im Bewusstsein. Das Bewusstsein existiert vor dem Gehirn. Selbst die Erfahrung des Gehirns, die Wahrnehmung des Gehirns ist eine Qualia. Es ist eine Qualität des Bewusstseins innerhalb des Bewusstseins.

Die ganzen Neurowissenschaften, die wir heute betreiben, machen viel Freude und sind sehr aufschlussreich, aber wir werden das Bewusstsein niemals verstehen, indem wir neurowissenschaftlich das Gehirn erforschen. Warum? Weil nur Bewusstsein Bewusstsein verstehen kann. Nur Bewusstsein kann Bewusstsein erleben. Jede neurowissenschaftliche Untersuchung des Bewusstseins ist indirekter Natur, sie ist nicht unmittelbar. Unmittelbar ist die Präsenz, der gegenwärtige Augenblick. Zu Beginn sagte ich: Richten Sie Ihre Aufmerksamkeit, während Sie mir zuhören, auf den, der zuhört. Und wenn Sie mich anschauen, richten Sie Ihre Aufmerksamkeit auf den Raum zwischen Ihnen und mir. Die Präsenz ist immer da. Sie wird nur, wie Eckhart es ausdrückte, von den Möbeln verdeckt.

Es gibt ein wunderschönes Gedicht von Rumi. Er sagt: Wer bin ich inmitten all dieses Gedankenverkehrs? Denn es gibt das Zentrum des Seins, in dem sich aller Verkehr ereignet. Und offensichtlich identifizieren wir uns mit den Möbeln und dem Verkehr, statt uns mit der Präsenz zu identifizieren, um die herum der Verkehr erzeugt wird, als Resultat einer Selbst-Interaktion, dem inneren Dialog, bei dem Sie, wie Eckhart sagt, mit sich selbst sprechen.

Und das endet nie, weil wir so sehr durch jene Bewusstseinsqualität beeinflusst sind, die ständig in der Außenwelt nach dem sucht, was Glück oder Erfüllung genannt wird: Wenn ich den richtigen Job finde, werde ich glücklich sein. Wenn ich den richtigen Partner finde, werde ich glücklich sein. Wenn ich eine Menge Geld verdiene oder in der Lotterie gewinne, werde ich glücklich sein.

Gesund zu werden macht mich glücklich. Aber machen Sie sich klar, was Eckhart vorhin sagte: Das alles sind Gedanken.

Schon bevor solche Gedanken entstehen, sind Sie glücklich. Und wenn der Gedanke verschwindet, stehen Sie wieder genauso da wie vorher. Bevor Ihnen ein bestimmter Gedanke in den Sinn kam, befanden Sie sich im inneren Frieden. Dann stieg ein Gedanke in Ihnen auf, dann taten Sie alles dafür, diesen Gedanken, den wir als Wunsch bezeichnen, zu verwirklichen. Und am Ende stehen Sie wieder genauso da wie zuvor. Es ist wie mit der Welle: Erst ist da das Meer, und nachdem die Welle sich erhoben hat, verschwindet sie wieder im Meer.

Dadurch wird offensichtlich, dass Glück und Freude der Ausgangspunkt sind. Sie sind auch der Endpunkt. T. S. Eliot schrieb in einem Gedicht, dass wir nie aufhören werden zu forschen und am Ende unseres Forschens wieder zum Ausgangspunkt zurückkehren und diesen Ort zum ersten Mal kennen werden.

Eckhart hat uns also empfohlen, dass wir, statt zu suchen, einfach an den Ausgangspunkt unserer Reise zurückgehen sollen. Man reist also, ohne sich zu entfernen. Und wenn Ihnen das klar wird, dass es eine Reise ist, auf der wir uns von keinem Ort entfernen, können Sie Ihre Aufmerksamkeit ganz auf die Gegenwart fokussieren.

Wir können uns das also vornehmen, gehen hinaus und lassen uns ablenken. Dann machen Sie bestimmte Erfahrungen und erkennen, dass es überhaupt nicht nötig ist, sich ablenken zu lassen. Inmitten von zeitgebundenen Aktivitäten können Sie ein zeitloses Wesen sein. Sie können das Zentrum sein, um das herum das ganze Universum kreist und die Phänomene auftauchen und wieder vergehen, weil das ganze Universum nichts anderes ist als Sinneseindrücke, Bilder, Gefühle und Gedanken innerhalb des Bewusstseins. Da haben wir also eine sehr wichtige Mahavakya. Mahavakya bedeutet: große Idee. Und solange Sie es nicht erleben, bleibt es eine Idee. Aham brahmasmi bedeutet im Sanskrit: Ich bin das Universum. Denn das ist die einzige Identität, die wir haben. Wir sind die Gesamtheit des Universums als Kontinuum aller raum-zeitlichen Ereignisse. Und dieses Kontinuum aus Raum-Zeit-Ereignissen ist ein ständiges Fließen. Es kommt und geht, kommt und geht.

Wenden wir uns also wieder dem fünften Klesha zu, der Angst vor dem Tod. Die Leute fragen: Wohin gehe ich, wenn ich sterbe? Nun möchte ich Sie etwas fragen:

»Inmitten von
zeitgebundenen
Aktivitäten können Sie
ein zeitloses Wesen sein.
Sie können das Zentrum sein,
um das herum das ganze
Universum kreist und die
Phänomene auftauchen
und wieder vergehen,
weil das ganze Universum
nichts anderes ist als
Sinneseindrücke, Bilder,
Gefühle und Gedanken
innerhalb des
Bewusstseins.«

Was haben Sie heute gegessen? Salat. Wo haben Sie ihn gegessen? Jetzt, wo ich Sie das frage, kommen die entsprechenden Erinnerungen, nicht wahr? Sie erleben einen Sinneseindruck, ein Bild, ein Gefühl oder einen Gedanken, richtig?

Wo waren diese Empfindungen und Bilder, bevor ich Ihnen die Frage stellte? Darauf würde die traditionelle Neurowissenschaft antworten: in Ihrem Gehirn. Nun arbeite ich mit den besten Neurowissenschaftlern zusammen. Mein Kollege Rudy Tanzi ist leitender Neurowissenschaftler und Genetiker der Harvard University, am Massachusetts General Hospital. Und ich sagte zu ihm: »Rudy, wenn du das nächste Mal eine Konferenz mit den 150 besten Wissenschaftlern organisierst, frage sie, wo auf der Zellebene die Erinnerungen gespeichert werden.« Und wissen Sie was? Keiner dieser Wissenschaftler wusste darauf eine Antwort! Okay, wir wissen, dass die Erinnerung an das Essen, nach dem ich Sie eben fragte, irgendwo gespeichert sein muss, aber im Gehirn lässt sie sich nicht finden.

Erinnern Sie sich an das Haus, in dem Sie als Teenager wohnten? Können Sie dieses Haus vor Ihrem inneren Auge sehen? Was sehen Sie? Nun, Sie erleben Sinneseindrücke, Bilder, Gefühle und Gedanken, weil diese Erinnerungen mit anderen Erinnerungen verknüpft sind. Wenn Sie das Gehirn untersuchen, glauben Sie, dass Sie dort irgendwo das Bild eines Hauses finden? Oder dass sich irgendwo in Ihrem neuronalen Netzwerk Ihre Salat-Mahlzeit auffinden lässt?

Was ist also geschehen? Als ich Ihnen die Frage stellte, stieg aus Ihrem Bewusstsein ein Sinneseindruck, Bild, Gefühl, Gedanke auf und verschwand wieder. Und dieses Bewusstsein ist transzendent. Es existiert nicht in der Raum-Zeit.

Wohin gehen wir also, wenn wir sterben? Dorthin, wo der Salat war, bevor ich Sie nach ihm fragte.

Wir gehen nirgendwohin, weil wir zu jeder Zeit dort sind. Jeder Gedanke kommt von dort, jede Erinnerung kommt von dort, jeder Wunsch kommt von dort, jedes bisschen Fantasie kommt von dort. Erkenntnis, Intuition, Kreativität, Entscheidungskraft ... alles kommt von dort. Und um all das wiederfinden zu können, müssen wir ebenfalls dort sein. Sie finden Ihre Erinnerungen in Ihrem transzendenten Selbst. Und transzendent zu sein ist kein Raum-Zeit-Ereignis. Aber als Sie die Erinnerung manifestierten, erzeugte das ein bisschen Raum-Zeit.

Als Ramana Maharshi im Sterben lag, sagten seine Anhänger: »Wir werden dich vermissen.« Er erwiderte: »Aber wohin gehe ich denn?« Okay?

Das, was wir die materielle Welt nennen, ist eine Bewusstseinsqualität innerhalb des Bewusstseins. Das, was wir die geistige Welt nennen, ist eine Bewusstseinsqualität innerhalb des Bewusstseins. Das, was wir Universum nennen, ist eine Bewusstseinsqualität innerhalb des Bewusstseins.

Und wenn Sie sich in diesem kleinen Raum verankern, ist diese Offenheit, von der Eckhart sprach, Ihre Eintrittskarte zur Freiheit. Warum? Weil dieses offene Bewusstsein, das in Ihnen ist, niemals stirbt.

In der Bhagavad Gita sagt Krishna: Durch Wasser wird es nicht nass, der Wind kann es nicht trocknen, Waffen können es nicht zerstören und Feuer kann es nicht verbrennen. Es ist ewig, es ist ungeboren, weil die Geburt ein Raum-Zeit-Ereignis ist. Es stirbt nicht, weil der Tod ein Raum-Zeit-Ereignis ist. Ein Raum-Zeit-Ereignis ist Teil des Fließens. Das ist es, was ich eigentlich sagen möchte.

Wissen Sie, wir veranstalten diese Retreats, weil die Leute sich manchmal schon sehr lange Zeit nicht mehr still hingesetzt haben, sodass es ihnen fast unmöglich ist, präsent zu sein, in der Gegenwart zu sein, und das Retreat hilft Ihnen, dorthin zu gelangen.

Ich nehme auch selbst an Retreats teil. Vor zwei Jahren hatte ich die Gelegenheit, in einem Kloster im Norden Thailands ein Retreat mitzumachen. Wir mussten uns die Köpfe und die Augenbrauen rasieren und barfuß gehen. So sahen wir alle gleich aus. Es gab keine soziale Maske.

Dann mussten wir betteln gehen. Es wurde nicht betteln genannt, sondern die Almosenrunde, bei der wir unser tägliches Essen sammeln mussten. Und die Leute gaben so großzügig, dass wir beladen zurückkamen wie nach einem Einkauf im Biosupermarkt. Und dann aßen wir gemeinsam das gesammelte Essen, eine Mahlzeit am Tag, und den Rest des Tages verbrachten wir schweigend damit, die Unbeständigkeit zu beobachten. Dabei erkennt man schnell, dass letztlich alles im Fließen ist, von Natur aus unbeständig. Das hatte eine tief greifende Wirkung auf uns alle, weil es uns auf sehr interessante Weise in die Gegenwart holte.

Der Abt des Klosters war nur halb so alt wie ich. Die meiste Zeit verbrachten wir schweigend, aber am Abend gab es zwei Stunden, in denen wir mit dem Abt sprechen konnten. Dann stellte er mir Fragen zur Quantenphysik.

Dabei wurde mir klar, dass er alles darüber wusste. Er hatte nie ein Buch gelesen, nie Mathematik gelernt, aber er verfügte über Erfahrungen, die bewirkten, dass es für mich einfach war, ihm das zu erklären, was ich intellektuell wusste.

Am Tag unserer Abreise empfing er unsere ganze Gruppe. Er hatte ein sehr liebenswürdiges Wesen, wie Eckhart, und gab uns zwei Dinge mit auf den Weg. Erstens sagte er und verknüpfte damit wissenschaftliche Erkenntnisse mit realer Erkenntnis: »Es gibt im Universum keine Grenzen. Grenzen sind gedankliche Konstrukte. Wir erschaffen sie, so wie wir aus praktischen Gründen Längengrade und Breitengrade erschaffen. Und wenn wir beispielsweise sagen, wir treffen uns am Dienstag um 18 Uhr an der Ecke 56. Straße und Broadway, haben wir uns darauf geeinigt, aus praktischen Gründen Grenzen festzulegen. Aber in der Realität gibt es keine Grenzen.«

Und zweitens sagte der Abt, was Sie bereits wissen, dass der gegenwärtige Augenblick der einzige Augenblick ist und niemals endet. Die Situationen und Gegebenheiten um den Augenblick herum werden sich verändern, aber nicht der Augenblick selbst, denn er ist zeitlos, transzendent, ewig.

»Es gibt im Universum keine
Grenzen. Grenzen sind
gedankliche Konstrukte.
Wir erschaffen sie, so wie wir
aus praktischen Gründen
Längengrade und Breitengrade
erschaffen. Und wenn wir
beispielsweise sagen,
wir treffen uns am Dienstag
um 18 Uhr an der Ecke
56. Straße und Broadway,
haben wir uns darauf geeinigt,
aus praktischen Gründen
Grenzen festzulegen.
Aber in der Realität gibt es
keine Grenzen.«

Zum Schluss verrate ich Ihnen, was der Abt zu mir persönlich sagte. Er sagte: »Die wichtigste Zeit in Ihrem Leben ist jetzt. Der wichtigste Mensch in Ihrem Leben ist der Mensch, mit dem Sie genau jetzt zusammen sind. Die wichtigste Aktivität in Ihrem Leben ist das, was Sie im Moment gerade tun.«

Und wenn Sie das beherzigen, wird das Unbekannte für Sie zu etwas Bekanntem. Nur im gegenwärtigen Augenblick können wir das Unbekannte verstehen. Und das führt in letzter Konsequenz dazu, dass wir den Tod meistern, denn der Tod geschieht in der Zeit. Nur das, was geboren wurde, stirbt. Doch das, was nie geboren wurde, kann nicht sterben.

3. KAPITEL
FRAGEN UND AUSTAUSCH

ECKHART TOLLE & DEEPAK CHOPRA

CHOPRA:
In den spirituellen Schriften, im Yogasutra von Patanjali, ist von übernatürlichen Kräften die Rede, die Siddhis genannt werden. Haben Sie dieses Wort schon einmal gehört? Siddhis sind schlafende Potenziale. Die Fähigkeit, in die Zukunft zu schauen, die Fähigkeit, in die Vergangenheit zu schauen, in frühere Leben, Remote Viewing, Fernheilung. Und ich erlebe gerade jetzt eine Siddhi, und sie sagt mir, dass Wayne Dyer hier in diesem Raum ist. Und tatsächlich, dort ist er! Und Sie dachten, ich hätte keine medialen Fähigkeiten! Also werde ich jetzt zuerst ein Gespräch mit Eckhart führen, und ich freue mich, wenn Wayne sich uns später anschließt.

Eckhart, uns wurden über Facebook Fragen gestellt,

und ich habe die Fragen ausgewählt, die am häufigsten gestellt wurden.

TOLLE:
Als du von deinem Aufenthalt in dem buddhistischen Kloster in Thailand erzähltest, kam mir ein buddhistischer Text in den Sinn. Ich weiß den Titel nicht mehr, aber es ist eines meiner Lieblingssutras, sehr berühmt.

Es soll vom Buddha selbst stammen, aber man kann ja nie wissen. Der Buddha sagt zu den Mönchen, dass es das Ungeborene, das Unerschaffene, das Nichtmanifestierte gibt. Gäbe es das nicht, gäbe es kein Entrinnen aus der Bindung, die das Manifestierte erschuf.

CHOPRA:
Das ist wunderschön. Sogar die Idee der Freiheit ist eine Idee. Hier ist eine Frage direkt an dich persönlich: Kannst du deine tägliche spirituelle Praxis beschreiben? Haben sich deine Übungspraktiken im Lauf der Jahre verändert?

TOLLE:
Nun, ich habe, wie vielleicht bekannt ist, keine festen Übungen, keine spirituellen Praktiken, die ich als von

meinem täglichen Leben getrennte Aktivitäten betreibe. Was sich bei mir aber sehr oft auf natürliche Weise einstellt, ist der innere Raum der Bewusstheit. Und damit gehe ich durchaus humorvoll um. Ich sage gerne: Meine größte Errungenschaft im Leben besteht darin, nicht mehr ständig denken zu müssen.

Und das macht das Leben zu einer sehr viel angenehmeren Erfahrung, wenn man einfach da ist, als Präsenz. Die Intensität, mit der ich das erlebe, variiert. Manchmal, in bestimmten Situationen, löscht die Präsenz fast alles andere aus. Und zu anderen Zeiten ist sie sozusagen als innerer Raum im Hintergrund gegenwärtig. Es ist nicht ganz einfach zu erklären, aber ich bin sicher, Sie alle haben diese innere Präsenz schon erlebt, vielleicht noch nicht in vollem Umfang, aber immer mehr Menschen machen diese Erfahrung.

Was meine eigene spirituelle Praxis angeht, könnte man also sagen, dass es diese Einstimmung auf den gegenwärtigen Augenblick ist, aber das ist mir inzwischen so zur zweiten Natur geworden, dass man es eigentlich nicht mehr als Übung bezeichnen kann.

CHOPRA:
Was mich betrifft, so war ich viele, viele Jahre lang Schüler von Maharishi Mahesh Yogi, und er initiierte mich in die Übungspraxis, die wir hier alle betreiben. Und hinterher erkannte ich, dass diese Praxis wie ein Werkzeug ist. Ich praktiziere sie immer noch, weil ich mich so daran gewöhnt habe. Und davon abgesehen ignoriere ich zwar meine Gedanken, aber manchmal verdanke ich ihnen tolle Einfälle, und ich verdiene meinen Lebensunterhalt damit, Worte zu verkaufen.

Nun zu einer anderen Frage: Eckhart, wie definierst du Glück? Ist es ein realistisches Ziel, glücklich sein zu wollen?

TOLLE:
Ist es ein realistisches Ziel? Nun, zum Teil ist das eine Frage der Semantik, denn was meinen wir, wenn wir von Glück sprechen? Ich persönlich verwende diesen Begriff nur selten, aber ich weiß, dass zum Besipiel Ramana Maharshi sagte: »Glücklichsein ist euer wahres Wesen.« Er verwendete den Begriff also in besonderer Weise.

Ich verwende ihn nur selten, weil für die meisten Menschen Glück ein Stimmungshoch ist, das sie erleben. Und dieses Stimmungshoch ist nur vorübergehender Natur. Man fühlt sich toll, aber das lässt sich nicht aufrechterhalten. Auf ein Stimmungshoch folgt ein Stimmungstief.

Ich spreche lieber von innerem Raum und vielleicht von Freude. Es ist das, was den Buddha lächeln lässt. Schauen Sie sich die guten Statuen des Buddha an. Die schlechten Statuen, da sieht er elend aus. Doch bei den guten Statuen umspielt ein Hauch von Lächeln seine Lippen.

Und warum lächelt der Buddha? Wenn Sie sich dem Buddhismus rein intellektuell nähern, wie das an manchen Universitäten geschieht, wird man Ihnen sagen, der Buddhismus sei eine lebensverneinende Religion. Aber diese Leute verstehen ihn nicht wirklich. Sie verstehen nur den äußeren Sinn der Worte. Buddha sagte, dass Leere die endgültige Antwort ist, und natürlich stimmt das. Doch wenn Sie nie einen Blick auf die Leere erhascht haben, denken Sie, die Leere sei lebensverneinend.

Der Buddha zeigt dieses Lächeln, weil er alles, was er erlebt, vor dem Hintergrund der Leere erlebt, und ein anderes Wort für die Leere ist Raum, und ein anderes Wort für Raum ist Stille. Da ist immer diese Stille, und wenn wir

Worte gebrauchen, erzeugen wir Dualität. Aber der Buddha ist die Stille.

Und wenn Ramana Maharshi von Glück sprach, falls das überhaupt die richtige Übersetzung für das ist, was er in seiner Muttersprache sagte, wollte er damit auf diese Stille verweisen. Ich persönlich ziehe es vor, den Begriff Glück oder Glücklichsein nicht zu verwenden. Wie siehst du das, Deepak?

CHOPRA:

In der Lehre des Buddha gibt es vier Eigenschaften des Bewusstseins, die er als göttlich bezeichnete. Die erste ist liebevolle Güte. Die zweite ist Freude, was nicht Glück bedeutet. Glück ist etwas Gedankliches, während Freude ohne Gedanken existiert. Die dritte ist das Mitgefühl, und die vierte ist Gelassenheit. Und wenn Sie über diese Bewusstseinsqualitäten nachdenken, sind sie sehr ursprünglicher Natur. Es handelt sich nicht um Gedanken. Es handelt sich um sehr subtile Ausdrucksformen von Verbundenheit, also davon, dass ich und die anderen eins sind. Ich stimme Eckhart zu: Mit dem Glück geht es auf und ab, es hat etwas Melodramatisches, doch das trifft auf die Freude nicht zu. Freude ist essenziell.

Jemand fragte auf Facebook: »Ich bin Künstlerin und bezog die Inspiration für meine Arbeit aus der einfachen und aufrichtigen Liebe zwischen mir und meinem Mann, bis ich entdeckte, dass er mich betrog. Nun fühle ich mich innerlich leer, und meine Kreativität ist tot. Wie kann ich mich dazu inspirieren, wieder zu träumen und meine Fantasie zu entfalten?«

TOLLE:
Nun, das ist eine traurige Geschichte, aber sie kann …

CHOPRA:
Handelt es sich um eine Geschichte?

TOLLE:
Natürlich ist es eine Geschichte, aber solange wir sie als für uns selbst real erleben, leiden wir. Doch es gibt auch einen Ausweg aus diesem Leiden. Ich möchte der Fragestellerin diesen Weg zeigen: Also hat Ihr Mann Sie betrogen. Ihr Mann ist ein menschliches Wesen, nehme ich an.

Ich mag den Ausdruck »menschliches Wesen«, weil er sich aus den zwei Wörtern »menschlich« und »Wesen«

»In der Lehre des Buddha
gibt es vier Eigenschaften
des Bewusstseins, die er
als göttlich bezeichnete.
Die erste ist liebevolle Güte.
Die zweite ist Freude,
was nicht Glück bedeutet.
Glück ist etwas Gedankliches,
während Freude ohne
Gedanken existiert.
Die dritte ist das Mitgefühl,
und die vierte
ist Gelassenheit.«

(engl. being, was Wesen und Sein bedeutet) zusammensetzt. Die Liebe, die Sie in der Gegenwart Ihres Mannes empfanden, das, was Sie an ihm liebten, existiert genauso in Ihnen selbst. Es handelte sich um die Seins-Qualität dieses Menschen, und der Mensch ist die Form, die Gestalt, die er angenommen hat und die unvollkommen ist. Und jetzt vermischen Sie beides und denken, dass diese Liebe eine Illusion war, aber das war sie nicht. Sie haben nur nicht erkannt, dass es in ihm und in Ihnen eine Dimension des Seins gibt, die Sie erkannten und aus der die Liebe kam.

Doch der Verstand vermischt das mit der Form, der äußeren Gestalt, und die Form ist unvollkommen. Und diese Gedanken, das, was Sie sich in Ihrem Kopf zurechtlegen, blockieren nun die tiefere Erkenntnis. Die Geschichte, an die Sie glauben, die Sie sich selbst erzählen, blockiert die tiefere Bewusstheit für das Sein. Und wenn Sie das erkennen, können Sie die Liebe wieder fühlen, denn diese Liebe ist das, was Sie dem Wesen nach sind.

Damit eröffnet sich auch die Möglichkeit der Vergebung. Sie vergeben Ihrem Mann das Unbewusste, das er als Mensch manifestiert hat. Aber die wahre Vergebung wird erst möglich, wenn Sie sich selbst als das Formlose erkennen und sich nicht länger mit dem identifizieren, was sich in der Welt der Formen manifestiert. Dann können Sie durch diese Erscheinungen hindurchschauen und gelangen so ganz natürlich zur Vergebung.

CHOPRA:
Können wir sagen: Der Mann dieser Fragestellerin ist ein menschliches Wesen, das menschliche Schwächen zeigte?

TOLLE:
Ja.

CHOPRA:
Worin besteht die höchste Form von Erfüllung, die wir im Leben anstreben können? Was sollen wir für uns erschaffen? Und sollen wir überhaupt nach irgendetwas streben?

TOLLE:
Streben – nun, das Einzige und Beste, was sich wirklich zu realisieren und zu entdecken lohnt, ist Transzendenz. Dann sind Sie nicht länger gefangen in diesem engen, per-

sonalisierten, sich mit Formen und Gedanken identifizierenden Selbstgefühl. Und wenn Sie glauben, nichts als das zu haben, die Person, dann ist das Leben eine sehr frustrierende Erfahrung.

Das meinte der Buddha, wenn er den Begriff Leiden benutzte und sagte, dass Ihnen Leiden begegnen würde, was immer Sie tun und wo immer Sie hingehen. Aber er wies auch den Weg hinaus, hin zu der Möglichkeit, Ihre formlose wahre Natur zu erkennen. Und dieser Weg beginnt mit dem Raum zwischen zwei Gedanken. Er beginnt in diesem Moment, wenn Sie Ihre Aufmerksamkeit völlig auf diesen Moment richten und sich dabei nicht nur Ihrer Sinneseindrücke bewusst werden, sondern auch, und das klingt ein wenig seltsam, sich Ihrer Bewusstheit bewusst werden.

Werden Sie sich also des Augenblicks bewusst, nicht nur der unmittelbaren Sinneseindrücke oder Gedanken oder dessen, was in Ihrem Emotionsfeld auftaucht, sondern auch der Bewusstheit an sich. Natürlich erzeugt die Sprache immer Dualitäten. Das ist unvermeidlich, und dem sollten Sie ebenfalls Raum geben. Dann entsteht ein Raum der Bewusstheit, der das Leben lebenswert macht. Wenn das für Sie zur lebendigen Erfahrung wird, dann haben Sie, wie Jesus sagt, das gewählt, was wirklich wichtig ist. In der Geschichte von Maria und Martha im Evangelium sagt Jesus zu Maria, sie hätte das gewählt, was wirklich wichtig ist. Martha dagegen lief herum, mit allerlei Dingen beschäftigt. Doch nur dieses Eine ist wirklich wichtig.

Welche Form dann Ihr Leben ansonsten annimmt, ist zweitrangig. Es wird sich auf wunderschöne Weise entfalten, wobei natürlich nichts darin von Dauer sein wird. Sie werden sich nicht länger an Dingen und Menschen festklammern und Angst haben, sie zu verlieren. Und, was sehr wichtig ist: Sie werden nicht länger die Erwartung hegen, die Welt müsse Sie glücklich machen.

Das ist etwas sehr Grundlegendes, denn hier unterliegen viele Menschen einem Irrtum. Sie glauben, die Welt hätte irgendwie die Fähigkeit, ihnen Erfüllung zu schenken, wenn sie nur die Dinge in einer Weise organisieren und ordnen, dass alles sich schön zusammenfügt. Die Werbebranche weiß das natürlich und macht sich diese Vorstellung zunutze, dass die Welt uns Zufriedenheit schenken kann.

Wenn Sie einmal sich selbst als Bewusstheit kennengelernt haben, was eine wahre Freude ist, erzeugt das eine tiefe Befriedigung, denn Sie erwarten nun nicht mehr, dass Situationen, Zustände oder Menschen Sie glücklich machen sollten. Und das Paradoxe daran ist: Wenn Sie nicht mehr erwarten, dass Umstände oder Menschen Sie glücklich machen müssen, werden Sie ziemlich zufrieden sein.

CHOPRA:
Stress entsteht dadurch, dass das Universum sich nicht so verhält, wie es das meiner Ansicht nach tun sollte. Unsere Kultur fördert offenbar den Wunsch, uns selbst zu beurteilen, ständig darauf zu achten, was mit unserem Körper nicht in Ordnung ist, wo wir versagen, auf welche Weise wir Erwartungen nicht gerecht werden. Viele von uns haben einen strengen inneren Kritiker, und wir sagen Dinge zu uns selbst, die wir zu einem Freund oder Lebenspartner niemals sagen würden. Wie können wir lernen, diesen inneren Richter abzuschalten, auch wenn er uns schon seit Jahrzehnten mit der immer gleichen Leier niedermacht?

»Wenn Sie nicht mehr erwarten, dass Umstände oder Menschen Sie glücklich machen müssen, werden Sie ziemlich zufrieden sein.«

TOLLE:
Manche Menschen haben einen sehr ausgeprägten inneren Kritiker, andere erleben diese kritische innere Stimme nur ab und zu. Er manifestiert sich bei jedem auf andere Weise. Manche leiden darunter, von diesem inneren Kritiker kritisiert zu werden. Andere kritisieren dagegen ständig andere Leute. Wieder andere betrachten Situationen, in denen Sie sich befinden, überaus kritisch. Sie beklagen sich ständig.

Aus der Zeit, bevor Sie spirituell erwachten, erinnern Sie sich vielleicht daran, dass es diese zwanghafte geistige Aktivität gab. Und zu diesem zwanghaften Verhalten gehörte es, sich über Dinge und Menschen zu beklagen, darüber, dass Situationen nicht so waren und Menschen sich nicht so verhielten, wie sie es Ihrer Meinung nach tun sollten. Da gibt es zahllose Geschichten, und so viele Menschen sind darin gefangen, ihr eigenes Bewusstsein auf diese Weise zu martern. Die Frage ist: Wie findet man aus diesem Zustand heraus? Damit jemand diese Frage überhaupt stellt, muss bereits ein Minimum an Bewusstheit vorhanden sein. Sie müssen erkennen können, was Ihr Bewusstsein tut. Millionen Menschen auf dem Planeten sind aber noch nicht so bewusst, auch wenn sie sich ebenfalls auf dem Weg befinden. Sagen Sie zu Terroristen oder Fundamentalisten, dass sie sich ihrer eigenen Gedanken bewusst werden und diese hinterfragen sollen, werden sie darauf mit Wut reagieren. Das ist also nicht empfehlenswert, denn sie sind dafür noch nicht bereit.

Aber Sie können erkennen, was Ihr Bewusstsein sich selbst antut, und wenn Sie sich dessen bewusst sind, können Sie sich entscheiden, Ihre Aufmerksamkeit auf etwas anderes zu richten. Sie müssen nicht jedem Gedanken folgen. Sie müssen nicht alles glauben, was Sie denken. Diesen Spruch gibt es sogar als Autoaufkleber. Ich finde ihn wunderbar: »Sie müssen nicht alles glauben, was Sie denken.« Sie können sich von Ihrem Denken lösen und Ihr eigenes Bewusstsein dabei beobachten, was es tut. Und dann können Sie sich bewusst dafür entscheiden, Ihre Aufmerksamkeit auf eine Blume zu richten oder auf den Himmel oder auf etwas anderes in der Natur, und damit treten Sie aus Ihrem Denken heraus.

Menschen, auf denen die Bürde des Denkens sehr lastet, empfehle ich, ihre Aufmerksamkeit auf das innere Energiefeld ihres Körpers zu richten. Spüren Sie die Lebendigkeit, die den gesamten Körper durchströmt. Dann werden Sie nicht mehr viel denken können. Sie können nicht gleichzeitig die Lebendigkeit in Ihrem Körper spüren und viel denken.

Wenn Sie in der Nacht aufwachen und über Ihre Probleme nachdenken, ist das nicht angenehm. Wenn Ihnen dann plötzlich bewusst wird, wie sinnlos das ist, können Sie sich sagen: »Ich entscheide jetzt bewusst, dass ich meine Aufmerksamkeit auf das Energiefeld meines Körpers richte.« Dann werden Sie es plötzlich als angenehm empfinden, nachts wach zu liegen und die intensive Lebendigkeit in jeder Zelle Ihres Körpers zu spüren. Das ist eine Art Meditationspraxis, ein einfacher Weg, die Aufmerksamkeit von Ihren Gedanken abzuwenden. Denn diese Gedanken sind nicht nur sinnlos, sie sind destruktiv. Es benötigt jedoch Übung, und deshalb ist es wundervoll, es täglich zu praktizieren.

Außerdem empfehle ich Mini-Meditationen während des Tages. Das können so einfache Dinge sein wie zwei oder drei bewusste Atemzüge, während Sie auf den Aufzug warten. Oder tun Sie etwas, das Sie normalerweise unbewusst tun, mit voller Aufmerksamkeit – machen Sie eine scheinbar unbedeutende Aktivität, die Sie sonst nur als Mittel zum Zweck betrachten, zu einem intensiven, bewussten Erlebnis. Seien Sie zum Beispiel völlig präsent,

»Tun Sie etwas,
das Sie normalerweise
unbewusst tun, mit
voller Aufmerksamkeit –
machen Sie eine scheinbar
unbedeutende Aktivität,
die Sie sonst nur
als Mittel zum Zweck
betrachten, zu einem
intensiven, bewussten
Erlebnis.«

während Sie sich die Hände waschen. Das bringt Sie aus dem Denken in die Bewusstheit des Augenblicks hinein. Wenn Sie eine Treppe hinuntergehen, achten Sie bewusst auf jede Stufe, statt nur das Ziel vor Augen zu haben. Solche Mini-Meditationen tragen dazu bei, dass Sie sich allmählich von der Identifikation mit Ihren Gedanken lösen. Das ist es also, was ich dem Fragesteller und allen empfehlen möchte, denen noch die Bürde des Denkens zu schaffen macht oder die sich gar von ihren Gedanken gequält fühlen.

CHOPRA:
Für diejenigen von Ihnen, die Rezepte lieben, hier ist eines: STOP. Das ist ein Akronym. S steht für stopp: Halten Sie inne. T steht für tief durchatmen: Atmen Sie, wie Eckhart es empfiehlt, dreimal tief durch. Und während Sie dreimal tief durchatmen, lächeln Sie überall in Ihrem Körper, von Kopf bis Fuß. O steht für observieren, also beobachten: Beobachten Sie Ihren Körper, wie Eckhart es beschrieben hat. Und P steht für positiv und liebevoll, statt kritisch und verurteilend. Damit unterbrechen Sie Ihre automatisch ablaufenden Reaktionen.

4. KAPITEL
GÖTTLICHE LIEBE ANSTREBEN

ECKHART TOLLE, DEEPAK CHOPRA UND WAYNE W. DYER

CHOPRA:

Es ist neun Uhr, langsam kommen wir zum Ende. Ich möchte jetzt noch Wayne Dyer zu uns bitten. Wissen Sie, ich kenne Wayne seit 25 Jahren. Wir sind praktisch zusammen aufgewachsen. Er sieht zwar ein bisschen älter aus, aber wir sind Brüder. Setz dich zu uns, Wayne.

DYER:

Eckhart … So, was soll ich eigentlich hier? Bei dem, was du zuletzt sagtest, Deepak, fiel zum ersten Mal heute Abend das Wort Liebe. Meine Reise bestand darin, zu einer neuen Art von Liebe zu finden. Ich habe das Werk eines großen Lehrers aus Bulgarien gelesen, Peter Deunov, über den Einstein auf dem Höhepunkt seiner Popularität sagte: »Die Welt verneigt sich vor mir, aber ich verneige mich vor Peter Deunov.«

Peter Deunov sprach von einer anderen Form der Liebe. Er lehrte, dass es drei Formen der Liebe gibt. Eine ist die menschliche Liebe, und die menschliche Liebe ist eine Liebe, die unbeständig und wechselhaft ist. Im Sinne von: »Ich liebe dich, aber wenn du spät nach Hause kommst oder den Valentinstag vergisst, liebe ich dich nicht so sehr.« Sie schwankt ständig. Mal liebt man sich, dann hasst man sich. Immer geht es hin und her.

Und dann gibt es das, was Deunov die spirituelle Liebe nannte. Das ist eine Liebe, die zwar stabil bleibt, aber doch in unterschiedlicher Ausprägung vorhanden ist. Diese Liebe kann ich als die Liebe definieren, die ich für meine Kinder empfinde. Ich habe acht Kinder. Und ganz gleich, was sie tun oder wie sie sich verhalten – diese Liebe ist immer da. Auch bei Menschen, die, zum Beispiel als Terroristen, schreckliche Verbrechen begehen, bin ich mir sicher, dass ihre Mütter sie nach wie vor lieben. Da ich acht Kinder habe, weiß ich, dass diese Liebe nicht immer gleich ausgeprägt ist, zu manchen Zeiten ist sie stärker als zu anderen, aber sie ist immer da. Und ich bin sicher, dass du (Deepak) das von deinen Kindern kennst, oder du,

Rita (zeigt ins Publikum), mit der ich vorhin über ihre Kinder gesprochen habe.

Und dann sprach Deunov von einer dritten Form der Liebe. Er nannte sie göttliche Liebe. Diese Liebe ändert sich nie und ist gegenüber allen gleich stark. Diese Liebe strebe ich an. Die einzige gute mir bekannte Beschreibung der göttlichen Liebe findet sich im Thomasevangelium in den Schriftrollen von Nag Hammadi, die 1945 entdeckt wurden. Dort wird Jesus mit den Worten zitiert, dass wir ins Königreich Gottes gelangen, wenn wir aus zwei eins machen. Und in der ersten Zeile des *Tao Te King*, des Buches, das ich studiert, mit dem ich gelebt und zu dem ich eine ganze Serie von Essays geschrieben habe, heißt es, dass das Tao, das man benennen kann, nicht das wahre Tao ist. Und so versuche ich, mir eine Liebe vorzustellen, von der Jesus sprach, eine Liebe, bei der wir aus zwei eins machen.

Eine solche Liebe kennt keine Trennungen und Gegensätze. Wenn ich Sie frage, was das Gegenteil von Freude ist, würden die meisten von Ihnen vermutlich antworten, dass das so etwas wie Verzweiflung oder Traurigkeit sein muss. Dann bitte ich Sie, sich vorzustellen, dass Freude kein Gegenteil hat, sondern einfach nur Freude ist. Wenn ich Sie nach dem Gegenteil von Liebe frage, würden Sie mir wahrscheinlich zahlreiche Gegenbegriffe zur Liebe nennen. Versuchen Sie bitte, sich eine Liebe vorzustellen, zu der es nichts Gegenteiliges gibt, weil nichts als diese Liebe existiert. Es gibt nichts, was ihr entgegensteht.

Eckhart sagte, dass er das Wort Glück nicht benutzt, und so ist es bei mir auch. In einem seiner Stücke drückte Shakespeare es ungefähr so aus: »Meine Krone ist in meinem Herzen, nicht in meinem Kopf. Sie ist nicht mit Diamanten geschmückt, und man sieht sie nicht. Meine Krone heißt Zufriedenheit. Und es ist eine Krone, der Könige sich selten erfreuen.«

Und das ist die Art von Liebe, nach der ich strebe: Zufriedenheit, eine Liebe, die nichts Gegenteiliges kennt. Nun sind wir alle Menschen, wir haben Körper, und es ist nahezu unmöglich für uns, aus zwei eins zu machen.

Im Publikum sitzt eine Frau, von der ich gestern noch gar nicht wusste, dass ich sie hier treffen würde. Ich bin nur ganz zufällig hierhergekommen, weil ich in einem Hotel in der Nähe wohne. Ich werde meinen Verleger treffen, und dann in Denver einen Workshop leiten, einen Workshop für Autoren. Und gestern saß ich an einem Tisch hinter meinem Freund Eckhart Tolle, mit dem ich kürzlich unter dem Titel *Warum es wichtig ist, anders zu sein* eine inzwischen auch als DVD erhältliche Fernsehsendung aufzeichnete. Und nun sitzt er neben mir und hier zu meiner Linken sitzt ein Mann, den ich meinen Bruder nenne. Wir lieben einander sehr, schon seit den frühen 1990er-Jahren. Ich glaube, seit 1990.

Ich hatte also gestern noch keine Ahnung, dass heute hier dieses Gespräch stattfindet, und dann fragte mich Eckhart: »Warum kommst du nicht einfach vorbei?« Und als ich heute hereinkam, sagte plötzlich jemand zu mir: »Wayne, was machst du denn hier?« Ihr Name ist Anita Moorjani. Steh einmal auf, Anita. Wo bist du? Ah, dort drüben.

Ich habe das Vorwort zu Anitas Buch geschrieben. Es heißt *Heilung im Licht*. Ich glaube, du hältst morgen hier einen Vortrag, stimmt das?

MOORJANI:
Am Freitag.

DYER:
Also am Freitag, hier im Chopra Center? Sehr gut. Anita hat beschrieben, was sie erlebte. Sie hatte Lymphdrüsenkrebs im Endstadium und wog nur noch 37 Kilo. Sie hatte

zitronengroße Tumore überall im Körper und nur noch wenige Stunden zu leben. Sie wurde zur Beobachterin und beobachtete, was mit ihr geschah. Ich sah einen Filmbericht über sie im Internet und fand heraus, dass sie in Hongkong lebte. Als ich Kontakt zu ihr aufnahm, hielt sie sich gerade in Dubai auf. Ich bat sie, ihre Geschichte aufzuschreiben.

Und sie schrieb ihre Geschichte auf und schickte sie mir, weil wir sie veröffentlichen wollten, aber ich schickte sie wieder zurück und sagte, dass ich sie noch nicht gut genug fand. Ich sagte zu Anita: »Ich möchte, dass du dich in den Zustand zurückversetzt, als du diese göttliche Liebe erlebtest, eine Liebe ohne Widersprüche und Gegensätze.« Vorhin war von Bewusstheit die Rede, von höherer Bewusstheit. Aber in diesem Zustand, wo alles eins ist, gibt es keine Gegensätze. Man wird zu dem, worauf man seine Aufmerksamkeit richtet. Und das Einzige, was man empfinden kann, ist bedingungslose Liebe.

Ich strebe also danach, eine Liebe zu leben, die frei von Urteilen, frei von Kritik, frei von Verdammung gegenüber irgendeiner von Gottes Schöpfungen ist. Aber auch wenn wir zu einer solchen Liebe finden können, wird es, da wir Menschen sind, immer die Zweiheit geben.

»Vorhin war von
Bewusstheit die Rede,
von höherer Bewusstheit.
Aber in diesem Zustand,
wo alles eins ist,
gibt es keine Gegensätze.
Man wird zu dem, worauf
man seine Aufmerksamkeit
richtet. Und das Einzige,
was man empfinden
kann, ist
bedingungslose Liebe.«

Die Dichotomie wird immer da sein. Es wird immer Gegensätze geben. Aber in der Welt, die Eckhart so wunderbar in seinem Buch *Jetzt! Die Kraft der Gegenwart* beschreibt, sind wir frei von Urteilen, Kritik und Verdammung.

Viele von Ihnen wissen sicher, dass bei mir vor drei Jahren Leukämie diagnostiziert wurde. Ich erlebte eine Fernheilung durch Joao de Deus aus Brasilien. Viele von Ihnen hier in diesem Raum, vielleicht alle, wissen, wer das ist. Damals dachte ich, diese Wesenheiten seien in meinen Körper hineingegangen und hätten mich von der Leukämie geheilt, aber das ist es nicht, was geschah. Das, was diese Wesen wirklich aus meinem Körper entfernten, war meine Angst. Das Wort Leukämie ist mit Angst aufgeladen. Es geht gar nicht um die Angst vor dem Tod. Es geht um die Krankheit. Es ist Blutkrebs, der im ganzen Körper ist. Es ist dieser ganze Krebs, über den Anita in der überarbeiteten Fassung ihres Buches so brillant geschrieben hat.

Am Morgen nach der Fernheilungsbehandlung durch Joao de Deus wachte ich auf. Zwei meiner Kinder waren bei mir auf Maui, darunter meine Tochter. Als ich sie anschaute ... also, ich hatte sie noch nie so gesehen wie an diesem Morgen. Ich sagte: »Ich kann gar nicht beschreiben, wie sehr ich dich liebe.« Und ich schaute meinen Sohn an, legte den Arm um ihn, und ich schaute hinaus. Ich wohne am Meer. Das Meer sah anders aus. Ich hatte es einfach noch nie zuvor so gesehen. Die Palmen sahen anders aus, die Vögel, das Gras, jeder Mensch, der mir begegnete.

Im *Kurs in Wundern* heißt es, dass es zwei Arten zu reagieren gibt, mit Liebe oder mit Angst, und alles, was Liebe ist, kann keine Angst sein, und alles, was Angst ist, kann keine Liebe sein. Daher bitte ich Sie, sich die Frage zu stellen, inwieweit Ihr Leben und die Entscheidungen, die Sie treffen, auf Angst beruhen? Essen Sie, was Sie essen, weil Sie fürchten, krank zu werden, wenn Sie diese Lebensmittel nicht essen, oder tun Sie es aus Liebe? Weil Ihr Körper der Tempel ist, in dem Sie leben, und Sie ihn gut behandeln wollen.

Halten Sie sich ans Tempolimit, weil Sie die anderen Verkehrsteilnehmer lieben und wollen, dass sie behütet und sicher sind oder weil Sie Angst vor einem Strafzettel haben?

Das können Sie sich bei fast allem fragen, was Sie im Leben tun. So vieles, was wir tun, ist durch Angst motiviert. Und Anita machte die Erfahrung, dass es in dieser anderen Welt, in der sie sich für kurze Zeit aufhielt, so etwas wie Angst überhaupt nicht gibt.

Und was den Krebs angeht, haben Deepak und ich viele gemeinsame Veranstaltungen durchgeführt. Ich erinnere mich, dass wir einmal in London gemeinsam auf der Bühne standen, im Palladium war das, und fragten: Warum erkranken so viele Menschen an Krebs? Warum gibt es so viel Krankheit? Du hast immer gesagt, Deepak, dass vollkommene Gesundheit möglich ist. Es gibt keine physikalische Notwendigkeit dafür, dass unser Körper altert, verfällt und schließlich stirbt. Würden wir uns von der Angst befreien, würden wir damit aufhören, uns selbst und andere zu kritisieren, zu verurteilen und verdammen, könnten wir so leben, wie Shakespeare es beschrieb. Wir könnten einfach zufrieden sein. Und das ist alles, was ich zu sagen habe.

TOLLE:
Und die Angst wird durch Urteile, die wir fällen, immer wieder angefacht, Werturteile und Gedanken, mit denen wir uns identifizieren und von denen wir besessen sind. Der Schlüssel besteht also darin, diese Identifizierung zu beenden und uns für das Nicht-Denken zu öffnen.

Ramana Maharshi wurde von einem seiner Schüler oder einem Besucher seines Ashrams gefragt, woran wir erkennen können, dass wir auf unserem spirituellen Weg Fortschritte machen. Ramana Maharshi antwortete, das Kriterium für spirituellen Fortschritt sei, dass wir dann immer weniger denken. Jetzt wissen Sie also, woran Sie messen können, ob Sie spirituelle Fortschritte machen: Je weniger Sie denken, desto größer der Fortschritt. So einfach ist das.

DYER:
Sehr gut. Sehr gut. Hierzu noch eine Beobachtung: Die letzten sechs Monate verbrachte ich in ziemlicher Abgeschiedenheit, um ein Buch zu schreiben. Ich habe jeden Tag geschrieben. Es wird *I Can See Clearly Now* heißen. Darin blicke ich auf mein Leben zurück. Wissen Sie, ich habe zehn Jahre in einem Waisenhaus verbracht. Ich beschreibe, was das mit mir machte und wie mein Leben sich bis heute entwickelte. Jetzt denke ich, wie erstaunlich es ist, dass ich hier heute auf dieser Bühne sitze mit zwei Menschen, die ich so sehr bewundere und liebe …

TOLLE:
Nun, es handelt sich um eine synchronistische Fügung. Du hast gestern im Restaurant am Tisch neben uns gesessen. Wirklich erstaunlich.

DYER:
Das ist sehr faszinierend für mich, denn ich habe gerade erst über all das geschrieben. Ihr beide habt heute über Zeit gesprochen, und ich stelle mir gerne vor, dass es so etwas wie horizontale Zeit gibt. Stellen Sie sich eine Linie vor, die die Zeit repräsentiert. Das nennt man chronologische Zeit, also die Zeit, die vergeht, die Zeit von Ursache und Wirkung. Was hat mich also hierher geführt? Ich traf gestern die Entscheidung, ins Restaurant hinunterzugehen, um mich mit meinem Freund Mark und seiner Tochter zu treffen. Eigentlich wollte ich das gar nicht recht, denn ich gehe nicht so gerne in Restaurants, weil mir dann ständig Leute begegnen, die etwas von mir wollen.

Also hatte ich vor, Mark und seine Tochter zu mir aufs Hotelzimmer einzuladen, wo wir uns dann Essen vom Zimmerservice hätten bringen lassen. Aber eine innere Stimme sagte mir: »Geh heute ins Restaurant.« Da haben wir also Ursache und Wirkung. Mark rief mich an, und ich sagte: Okay. Und warum ich überhaupt hierhergekommen bin, nach San Diego, das ist noch eine ganz andere Geschichte.

Wir glauben also, dass wir alle diese Entscheidungen treffen – Ursache und Wirkung: Ich tue etwas, und das verursacht dann dieses und jenes. Wir gingen in die Lobby, und dort erkannte mich eine junge Frau vom russischen Fernsehen. Sie bat mich, in ihrer Sendung über Rohkost-Ernährung aufzutreten, was ich ablehnte. Dann gingen wir ins Restaurant, und dort traf ich Steven Goldhar. Seine Schwester und ich waren mehrere Jahre ein Paar, und ich hatte ihn lange nicht mehr gesehen. Dann sah ich Greg, der am Omega-Institut arbeitete. Alle diese Leute waren dort. Und dann kam Eckhart zu mir. Und so kam eines zum anderen.

Und Eckhart sagte: »Also, wir machen morgen diese Sendung, willst du nicht dazukommen?« Ich antwortete: »Okay, aber ich halte mich im Hintergrund.« Denn ich wollte, dass diese beiden Jungs hier im Rampenlicht stehen und die volle Aufmerksamkeit bekommen. Es ist schließlich ihre Sendung. Doch dann hieß es: »Nein, nein, nein, wir wollen, dass du zu uns auf die Bühne kommst.« Und hier sitze ich nun.

CHOPRA:
Und dann hatte ich diese mediale Erfahrung.

DYER:
Deepak, mein übersinnlich begabter Bruder, der sowieso alles weiß. Wir haben also dieses Phänomen der horizontalen Zeit. Eine Ursache führt zur nächsten. Ich könnte mich hinsetzen und alles aufschreiben, was dazu führte, dass ich heute hier sitze. Dann müsste ich zurückgehen bis zu meiner Geburt im Jahr 1940, und zur Geburt meiner Mutter im Jahr 1916, und der Geburt ihrer Mutter. Wir könnten alle Ursachen aneinanderreihen bis zu diesem Moment hier und heute.

Und dann gibt es noch eine andere Art von Zeit. Sie wird nicht durch eine horizontale Linie repräsentiert, sondern durch eine vertikale. Und diese vertikale Linie reicht bis hinauf zu Gott. Diese Linie nennt man ewige Zeit, und darin gibt es gar keine Zeit. Dort gibt es nur Einssein. In der ewigen Zeit ist bereits für alles gesorgt.

Carl Gustav Jung sagte, in dem Moment, in dem wir die Protagonisten unseres eigenen Lebens werden und Entscheidungen treffen, sind wir gleichzeitig Speerträger oder Statisten in einem sehr viel größeren Drama. Wir

»Und dann gibt es noch
eine andere Art von Zeit.
Sie wird nicht durch eine
horizontale Linie repräsentiert,
sondern durch eine vertikale.
Und diese vertikale Linie
reicht bis hinauf zu Gott.
Diese Linie nennt man
ewige Zeit, und darin
gibt es gar keine Zeit.
Dort gibt es nur Einssein.
In der ewigen Zeit ist bereits
für alles gesorgt.«

alle sind, so sagte er, dazu verdammt, Entscheidungen zu treffen.

Ist das nicht ein herrliches Paradox? Sie sind verdammt, was bedeutet, dass längst alles für Sie entschieden wurde, und gleichzeitig treffen Sie selbst Entscheidungen. Wir haben also diese Linie, die senkrecht nach oben führt und die ewige Zeit symbolisiert. Dass ich heute hier bin, wurde also längst an anderer Stelle arrangiert. Das begann schon im Augenblick meiner Zeugung ...

Aber dort, wo diese beiden Linien sich kreuzen, operieren beide Zeiten im selben Augenblick. Es wird offensichtlich, dass wir Entscheidungen treffen und dass gleichzeitig an höherer Stelle die Dinge bereits im Sinne unserer Entscheidungen arrangiert wurden. Es ist bereits für alles gesorgt. Darauf haben ja Deepak und Eckhart heute schon hingewiesen: Es gibt keinen Grund, sich wegen irgendetwas Sorgen zu machen. Es ist für alles gesorgt. Und selbst Ihre Sorgen sind Teil der ewigen Zeitlinie.

Zum Abschluss möchte ich Reshad Feild zitieren. Kennen Sie Reshad Feild? In seinem Buch *Wissen, dass wir geliebt sind* schrieb er – und das möchte ich Ihnen mit auf den Weg geben, denn es lohnt sich wirklich, darüber nachzudenken: »Unsere Zeugung und unser Tod geschehen zur gleichen Zeit. Es ist die gleiche Erfahrung.« Wenn Sie das begreifen, können Sie zurückblicken und sehen, wie Sie all diese Entscheidungen trafen. Und ebenso können Sie sehen, wie alles perfekt für Sie arrangiert wurde. Und in der ewigen Zeit gibt es keine Gegensätze, was bedeutet, dass es keine Vergangenheit und keine Zukunft gibt. Es gibt nur das Jetzt.

CHOPRA:
Ich möchte diesen Abend mit drei einfachen Beobachtungen ausklingen lassen. Erstens ist jedes Ereignis eine Verschwörung des gesamten Universums. Gehen Sie also einfach mit dem Flow, okay?

Zweitens vermag die Liebe wirklich zu heilen, und es gibt einen biologischen Grund für diese Heilkraft der Liebe. Liebe erzeugt in unserem Gehirn etwas, das man limbische Resonanz nennt. Dadurch werden Selbstheilungsmechanismen aktiviert. In der Medizin nennen wir das Homöostase, die Rückkehr in den ursprünglichen Zustand, also zum Wohlbefinden.

Und drittens kommt diese Liebe, von der Wayne sprach, wunderbar in der Lehre von Nisargadatta Maharaj zum Ausdruck ...

DYER:

Mit dessen Werk du mich bekannt machtest und der mein Lehrer wurde. Ja, das ist wahr.

CHOPRA:

Nisargadatta sagte: »Meine Liebe strahlt von mir aus wie das Licht eines Freudenfeuers. Halte an nichts fest und leugne nichts.« Ich danke Ihnen.

WER BIN ICH? WAS MACHE ICH HIER? WAS IST DER SINN DES LEBENS?

Eckhart Tolle spricht mit Wayne Dyer über diese grundlegenden Fragen unserer Existenz, über Spiritualität, über Gott und die Welt. Auf dieser DVD mit Booklet zeigen die beiden spirituellen Größen auf ihre unverwechselbare, humorvolle Art, warum in jedem von uns etwas anderes Außergewöhnliches steckt, was uns erst zu einem wirklichen Menschen macht. Erst wenn wir in uns selbst dieses Andere entdecken, können wir uns auf die Reise zum Erwachen unseres Bewusstseins begeben.

Ein ebenso unterhaltsamer wie spannender, lehrreicher wie berührender Dialog zweier großer spiritueller Lehrer unserer Zeit.

DR. WAYNE W. DYER galt als einer der wichtigsten spirituellen Lehrer der USA, dessen Werke auch nach seinem Tod eine ewige Quelle der Inspiration darstellen. Aus seinen Büchern (über 50 Millionen verkaufte Exemplare weltweit) spricht stets eine innere Weisheit, die ebenso einfach wie wahrhaftig ist.

ECKHART TOLLE gehört zu den wichtigsten spirituellen Lehrern unserer Zeit. Bekannt wurde er durch das Erscheinen seines Bestsellers »Jetzt – die Kraft der Gegenwart«. Dieses Buch erreichte weltweit eine Millionenauflage und wurde in 35 Sprachen übersetzt.

Eckhart Tolle mit Wayne W. Dyer

WARUM ES WICHTIG IST, ANDERS ZU SEIN

DVD 120 Minuten mit deutschem Voice over und Booklet
mit 128 Seiten im Schuber

ISBN 978-3-95736-009-0

L•E•O

Die *Magie* des Innehaltens

Der weltweite Sensationsbesteller aus Korea

»WENN ALLES UM MICH HERUM
IMMER SCHNELLER UND SCHNELLER RENNT,
HALTE ICH INNE UND FRAGE MICH:
›IST ES DIE WELT, DIE SO RAST,
ODER IST ES MEIN GEIST?‹«

Dieses Buch ist ein Geschenk an die Menschheit. Schlicht und mit ungeahnter Tiefe zeigt der buddhistische Mönch, wie man dauerhaft Glück findet in einer Welt, die sich immer rascher verändert. Ob in der Liebe, im Beruf, in unseren Sehnsüchten oder unseren Enttäuschungen – es gibt stets den richtigen Moment, um Pause zu machen. Wie man Achtsamkeit Stunde für Stunde lebt, zeigt Haemin Sunim in ebenso poetischer wie humorvoller Weise. Wunderschön und stimmungsvoll illustriert – ein Buch, das man niemals mehr aus der Hand legen möchte.

Mehr über unsere Bücher *www.scorpio-verlag.de*